NOVENA BÍBLICA DE NAVIDAD

P. Enrique Escribano

Tercera edición
Guayaquil, Ecuador, 15 de julio de 2022
Versión 4.01

Shoreless Lake Press

© 2022 Shoreless Lake Press
ISBN 978-1-953170-02-6

Ninguna parte de esta publicación puede ser reproducida por ningún medio sin el previo permiso por escrito del poseedor de los derechos.

Introducción

La presente novena de Navidad es bíblica porque las reflexiones que contiene hacen referencia al evangelio de ese mismo día.

Es difícil cuadrar cada año los distintos días de la novena con el evangelio de ese día. Desde el día 17 los evangelios de la Misa son especiales, pero también dependen de que alguno de esos días sea domingo. Además, en algunos lugares, la novena de Navidad acostumbra a iniciarse uno o hasta dos días antes. En todo caso, las reflexiones estarán siempre adaptadas al evangelio del día. Lo más frecuente es rezar la novena del 17 al 25, pero otros rezan del 16 al 24, e incluso del 15 al 23. Así que *lo primero de todo decida qué días va a rezar y así saber dónde empezar.* Tenga en cuenta que esta novena tiene muchas reflexiones pero cada año se verán sólo nueve. Cada año será distinta.

Modo de rezar la novena

1. Rece la *oración inicial* (ver página siguiente).

2. Tome una Biblia y lea el *evangelio del día* (salvo que lo acabe de escuchar en la Misa y se lo quiera saltar para no repetirlo). La referencia de ese evangelio la puede encontrar en la cabecera de la reflexión de cada día.

3. Lea la *reflexión* que corresponda a ese día:

Día:	De lunes a sábado	Domingo
15	pág. 8	pág. 6
16	pág. 9	pág. 6
17	pág. 10	pág. 6
18	pág. 11	pág. 7
19	pág. 12	pág. 7
20	pág. 13	pág. 7
21	pág. 14	pág. 7
22	pág. 15	pág. 7
23	pág. 16	pág. 7
Mañana del 24	pág. 17	pág. 7
Tarde o noche del 24	pág. 18	pág. 18
25	pág. 19	pág. 19

4. Rece la oración final: un *Ave María*.

Oración inicial

Lo que existía desde el principio, lo que hemos oído, lo que hemos visto con nuestros ojos, lo que contemplamos y palparon nuestras manos acerca de la Palabra de Vida, lo que hemos visto y oído, os ha sido anunciado[1].

Por siglos se profetizó la venida del Salvador y se esperó con ansia su llegada, pero nosotros somos dichosos porque muchos quisieron ver lo que veis y no lo vieron y escuchar lo que oís y no lo oyeron[2].

Dulce Jesús mío, acompáñame y guíame en esta novena.

---

[1] 1 Jn 1, 1-3
[2] Lc 10, 24; Mt 13, 17

Tercer domingo de adviento

(El evangelio de este día depende del año:
-Mt 11, 2-11: ciclo A, años 2022, 2025, 2028, 2031…
-Jn 1,6-8.19-28: ciclo B, años 2023, 2026, 2029, 2032...
-Lc 3, 10-18: ciclo C, años 2024, 2027, 2030, 2033...)

Juan Bautista vino a preparar los caminos del Señor, a allanar ese camino, anunciando la Buena Noticia: que venía el Salvador.

Su vida, parecida a la de Jesús, llevó a muchos a preguntarse si él era el Mesías; él dijo que no. A su vez, el mismo Juan envió a sus discípulos a preguntarle a Jesús si Él era el Mesías y Él le respondió que los hechos a la vista lo demostraban.

Prepararse es lo propio del adviento y lo propio es que nuestros hechos demuestren que estamos preparados. Lo estaremos cuando nuestra vida sea un reflejo de la de Nuestro Señor.

Nuestro propósito para este día podría ser buscar aquellas cosas en nuestra vida que no haría Jesús si estuviera en nuestro lugar, rechazarlas y hacer que nuestra vida, con hechos a la vista y no sólo con buenas intenciones, se parezca más a la de Nuestro Señor.

Dios te salve María…

Cuarto domingo de adviento

(El evangelio de este día depende del año:
-Mt 1, 18-24: ciclo A, años 2022, 2025, 2028, 2031…
-Lc 1, 26-38: ciclo B, años 2023, 2026, 2029, 2032...
-Lc 1, 39-45: ciclo C, años 2024, 2027, 2030, 2033...)

El arcángel Gabriel visitó a José, Gabriel también visitó a María, y María visitó a Isabel.

Tanto José, como María e Isabel, se sorprendieron por tan excepcional visita pero todos ellos estaban preparados pues siempre lo estaban.

Nosotros vamos a recibir pronto una visita muy especial, la del Niño Jesús, conmemorando su primera venida; y algún día su segunda venida con toda su gloria y majestad. Hemos de prepararnos y estarlo siempre.

Nuestro propósito para este día podría ser comenzar haciendo un examen de conciencia para ver claramente qué es lo que no tenemos bien dispuesto en nuestra vida para su visita; y si hace tiempo que no nos hemos confesado hacerlo, y con frecuencia, para estar siempre preparados.

Dios te salve María...

Día 15
(Si es domingo ir a la página 6)

(El evangelio de este día depende del día de la semana:
-Lunes: Mt 21, 23-27
-Martes: Mt 21, 28-32
-Miércoles: Lc 7, 19-23
-Jueves: Lc 7, 24-30
-Viernes: Mt 11, 16-19
-Sábado: Mt 17, 10-13)

Juan Bautista fue rechazado por muchos: unos le dijeron que tenía demonio, otros lo trataron a su antojo, otros no le creyeron y no aceptaron su bautismo y otros lo encarcelaron. Al no creer en Juan Bautista, que era el intermediario, tampoco aceptaron a Jesucristo.

El mismo Juan Bautista, estando encarcelado, envió a sus discípulos a preguntarle al Señor si Él era el Mesías y necesitó de intermediarios para creer en Él.

En nuestra vida habrá intermediarios que con consejos nos guiarán hacia Nuestro Señor.

Nuestro propósito para este día podría ser no dejarnos dominar por el orgullo, no caer en la trampa de que solos podemos superar nuestros problemas, y buscar quien nos guíe y aconseje.

Dios te salve María…

Día 16
(Si es domingo ir a la página 6)

(El evangelio de este día depende del día de la semana:
-Lunes: Mt 21, 23-27
-Martes: Mt 21, 28-32
-Miércoles: Lc 7, 19-23
-Jueves: Lc 7, 24-30
-Viernes: Jn 5, 33-36
-Sábado: Mt 17, 10-13)

Muchos no creyeron en Juan Bautista: unos lo maltrataron, otros no quisieron aceptar su bautismo y otros hicieron que acabara en la cárcel. Sin embargo, él fue una lámpara que ardía y brillaba porque creyó en Nuestro Señor.

El cristiano será rechazado por el mundo aunque el mundo sea iluminado por él.

Nosotros no debemos desilusionarnos ante las dificultades, sino que por el contrario hemos de saber dar ilusión a los demás.

Nuestro propósito para este día podría ser vivir la virtud de la perseverancia, de modo que nada ni nadie nos aparte del camino del Señor, de la lucha contra el mundo, del combate cristiano. Así, también sabremos animar a los demás para que no se rindan ante las contrariedades.

Dios te salve María …

Día 17
(Si es domingo ir a la página 6)

(Mt 1, 1-17)

El niño Jesús fue concebido por obra y gracia del Espíritu Santo en la Virgen María. San José, su esposo, era descendiente del Rey David, de quien estaba profetizado que vendría el Mesías.

Muchos fueron los descendientes hasta llegar al niño Jesús y cada uno de ellos es un eslabón de una larga cadena genealógica. La ausencia de uno de ellos habría roto esa cadena.

Cada uno de nosotros formamos parte de los planes de Dios, de modo que si nos negamos a cumplir su voluntad podríamos impedir multitud de gracias derramadas sobre muchos.

Nuestro propósito para este día podría ser el cumplir la voluntad de Dios: no solamente esforzándonos en cumplir los Mandamientos sino también en ser dóciles y obedientes a todo aquello que Dios nos pide por nuestras obligaciones familiares, laborales o de estudios, y espirituales.

Dios te salve María …

Día 18
(Si es domingo ir a la página 7)

(Mt 1, 18-24)

San José sabía que María esperaba un hijo, pero no queriendo ponerla en evidencia, pensó en dejarla en secreto. San José tenía que tomar una seria decisión pero para ello pensó en María. No tomó una decisión egoísta sino que decidió lo mejor para María.

Después Dios, por medio del ángel, le hizo ver que el niño era obra del Espíritu Santo y su decisión cambió a algo aún mejor: lo que Dios le mandaba.

Nosotros constantemente tomamos muchas decisiones que con frecuencia afectan a los demás. Debemos tener siempre presente al prójimo, pero especialmente lo que Dios nos mande.

Nuestro propósito para este día podría ser el mejorar nuestra caridad con los demás al tomar decisiones: tener en cuenta sus problemas, sus enfermedades y sus preocupaciones; pero especialmente tener presente lo que Dios nos mande.

Dios te salve María …

Día 19
(Si es domingo ir a la página 7)

(Lc 1, 5-25)

Zacarías no creía las palabras del arcángel Gabriel, que le traía la buena noticia de que iba a ser padre. Prefería pensar humanamente olvidando que para Dios no hay nada imposible. Por ello, Gabriel lo castigó.

María, en cambió, cuando recibió al arcángel Gabriel, sí creyó en su palabra, pese a que era tan difícil imaginar que siendo virgen pudiera ser madre.

Nosotros hemos de confiar en Dios y aunque a veces nos lleve por caminos difíciles, saber que siempre nos cuida y busca nuestro bien. Todo lo que le pasa al cristiano es para su bien.

Nuestro propósito para este día podría ser el mejorar nuestra confianza en Él, llevando a cabo buenas obras que nos conduzcan a la santidad, aunque nos parezca imposible alcanzarla; y luchando contra las tentaciones, con la ayuda de la gracia de Dios, aunque nos parezca imposible vencerlas.

Dios te salve María …

Día 20
(Si es domingo ir a la página 7)

(Lc 1, 26-38)

Un plan tan maravilloso como el que hizo Dios haciéndose hombre requería del consentimiento de María. Ella, de forma generosa, se proclamó la esclava del Señor.

María hizo siempre la voluntad de Dios, y nadie como Ella fue tan generosa.

Dios, aún siendo nuestro Dueño y Señor, es sumamente respetuoso con nosotros, pero nosotros hemos de ser generosos con Él. Nuestros egoísmos nos alejan de ese ejemplo que nos dejó María.

Nuestro propósito para este día podría ser el de ser generosos con Dios: podría ser dedicando un rato extra a la oración o realizar algún sacrificio elegido libremente. También podríamos ser generosos con el prójimo tomando labores de la casa o del trabajo que no son nuestra responsabilidad: ayudar a los papás, a los hermanos, a los compañeros; o realizar alguna obra de misericordia.

Dios te salve María …

Día 21
(Si es domingo ir a la página 7)

(Lc 1, 39-45)

Isabel fue bendecida por la visita de María y, con ella, del Niño Jesús.

Su alegría desbordante ante este acontecimiento contrastaba con su pequeñez: "¿Quién soy yo para que venga a visitarme la madre de mi Señor?". Además, veía la grandeza de María con gran agrado.

Nosotros deberíamos comprender que es motivo de una inmensa alegría el hecho de que muy pronto el Niño Jesús viene a nosotros y nos visitará. ¿Somos dignos de tan gran regalo? Además, ¿vemos los regalos que Dios ha hecho a los demás con agrado o con envidia?

Nuestro propósito para este día podría ser prepararnos para su visita teniendo en cuenta nuestra pequeñez e indignidad. Podría ser no teniendo envidia de los demás, conformarnos con lo que tenemos y estar agradecidos a Dios por ello. Y si es posible, recibir el mayor de los regalos: Él en la comunión.

Dios te salve María …

Día 22
(Si es domingo ir a la página 7)

(Lc 1, 46-56)

María canta con alegría las grandezas que hay sobre ella. Dice la verdad, pero con humildad porque ve que toda grandeza en ella viene de Dios: "Ha hecho en mí cosas grandes el que todo lo puede".

Decir la verdad no es sencillo a veces. Es más fácil mentir y darse aires de grandeza faltando a la humildad, como mentir por vanidad.

Nosotros no debemos justificar nunca la mentira y debemos recordar que Nuestro Señor, que dijo de sí mismo "Yo soy la Verdad", llamaba al demonio "el padre de todos los mentirosos". La mentira nunca está justificada ni aun cuando sea pequeña. Decir la verdad demuestra valentía. Mentir es una cobardía.

Nuestro propósito para este día podría ser esforzarnos en decir siempre la verdad, no permitiendo que ni por vanidad, ni por temor, dejemos de ser sinceros.

Dios te salve María …

Día 23
(Si es domingo ir a la página 7)

(Lc 1, 57-66)

Cuando Zacarías no creyó las palabras del arcángel Gabriel quedó mudo y comprendió su error. Aceptó el castigo que recayó sobre él pero no lo hizo con enojo. Cuando recuperó el habla sus primeras palabras fueron para bendecir a Dios.

Muchas contrariedades, dolores e injusticias sufrimos a diario. Es muy fácil perder la paciencia en esas situaciones e incluso culpar a Dios por ellas renegando contra Él.

Nosotros deberíamos saber llevar la cruz de cada día con alegría y con paciencia, sabiendo que el mal que sufrimos nos sirve como remedio de nuestros pecados, aumento de gracia y premio de vida eterna. Más bien, es Dios el que es paciente con nosotros: con nuestros defectos y continuos pecados.

Nuestro propósito para este día podría ser el ser pacientes con los demás: ser comprensivos con sus defectos y aguantar sus injusticias; pero saber hacerlo bendiciendo a Dios.

Dios te salve María …

Día 24 (por la mañana)
(Si es domingo ir a la página 7)

(Lc 1, 67-79)

Zacarías profetizó la llegada del Salvador, el sol que nace de lo alto, para iluminar a los que viven en tinieblas.

Pronto será Navidad y con ella se iluminará toda la tierra. El Niño Jesús será la luz que ilumina a todo hombre y que le permite salir de las tinieblas. La oportunidad para dejar atrás una vida de pecados y llenarse de la gracia de Dios.

Nosotros con frecuencia somos ciegos a nuestros propios defectos. Iluminarnos puede hacernos ver esos defectos que antes no veíamos.

Nuestro propósito para este día podría ser el escuchar con atención a los demás cuando nos corrigen, cuando señalan nuestros defectos, o cuando recibimos consejos en la confesión. Iluminar esas partes oscuras de nuestra vida para que podamos ver bien y quitar la viga de nuestro ojo, y así estemos preparados para la llegada del Niño Jesús.

Dios te salve María …

Día 24 (por la tarde y por la noche)

(Por la tarde, Víspera de Navidad: Mt 1, 1-25
Por la noche, Nochebuena: Lc 2, 1-14)

La obediencia es una gran virtud. Por ella, José siendo obediente a lo que le dijo el ángel, acogió a María y con ella también al Niño Jesús. Por ella, los pastores, obedeciendo a los ángeles, fueron los primeros en ver al Niño Jesús y junto a Él a la Virgen María.

Las personas obedientes reciben grandes regalos, se acercan al Niño Jesús y a la Virgen María, y se llenan de felicidad.

Ha llegado el momento en que el Niño Jesús se acerca y se da a conocer con su nacimiento a los que son obedientes.

Nuestro propósito para este día podría ser cumplir siempre la voluntad de Dios para que siendo obedientes a sus designios podamos gozar de la inmensa alegría de que nos ha nacido un Salvador, teniendo siempre a nuestro lado al Niño Jesús y a su Madre.

Dios te salve María …

Día 25

(En la aurora de Navidad: Lc 2, 15-20
En el día de Navidad: Jn 1, 1-18)

La alegría de tener entre nosotros al Niño Jesús, la alegría de que la Palabra, que se hizo carne, habita ya entre nosotros, llevó a María a conservar muchas cosas en su corazón.

Las dificultades del viaje a Belén, no encontrar posada o el mismo cansancio quedaron en nada, ante tanta alegría y tanta gracia sobre gracia derramada a cuantos lo recibieron.

Hemos de ser conscientes que los sufrimientos de este mundo no son nada con la alegría que nos proporciona el Niño Jesús.

Nuestro propósito para este día podría ser el querer más al Niño Jesús y la Virgen María, para que las contrariedades de este mundo no nos roben jamás la enorme alegría de amar a Dios hecho hombre, el Niño Jesús, y a su Madre, la Virgen María.

Dios te salve María …

www.ingramcontent.com/pod-product-compliance
Lightning Source LLC
Chambersburg PA
CBHW060414080526
44583CB00012B/563